Dieses Adressbuch gehört:

EDITION
ADRESSARIUM

A

A

A

A

B

B

B

B

C

C

C

D

D

D

D

D

E

E

E

E

F

F

F

G

J

J

K

K

M

M

N

P

P

Q

R

R

R

S

S

S

T

V

👤 _____	👤 _____
_____	_____
✉ _____	✉ _____
_____	_____
@ _____	@ _____
_____	_____
📞 _____	📞 _____
_____	_____

👤 _____	👤 _____
_____	_____
✉ _____	✉ _____
_____	_____
@ _____	@ _____
_____	_____
📞 _____	📞 _____
_____	_____

👤 _____	👤 _____
_____	_____
✉ _____	✉ _____
_____	_____
@ _____	@ _____
_____	_____
📞 _____	📞 _____
_____	_____

Y

Y

Y

Z

Z

Z

Impressum:

Philipp Hesse
c/o Werneburg Internet Marketing und Publikations-Service
Philipp-Kühner-Straße 2
99817 Eisenach